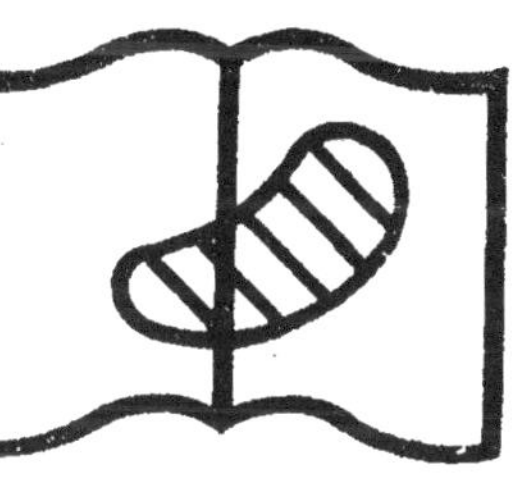

Illisibilité partielle

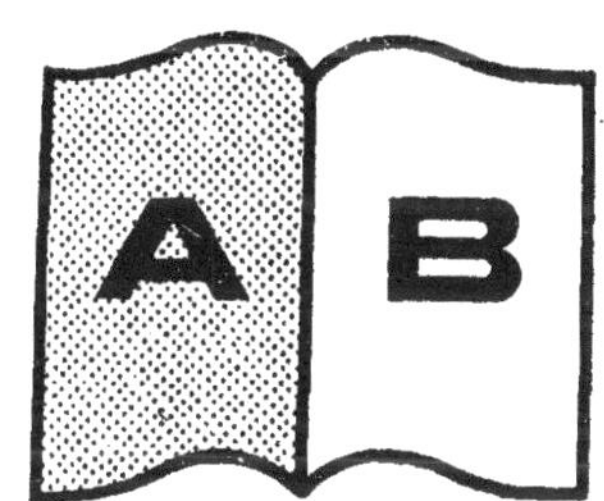

Contraste insuffisant
NF Z 43-120-14

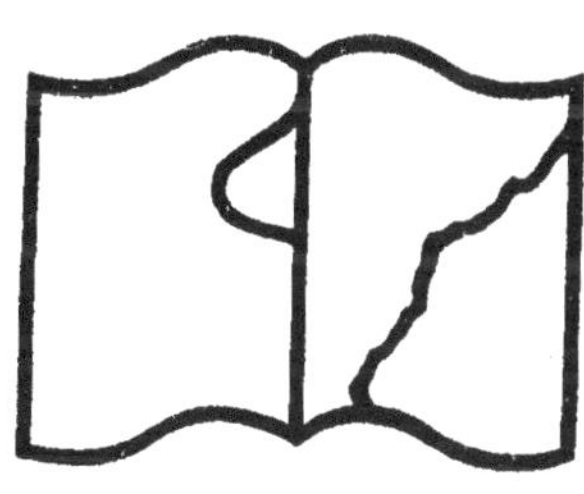

Texte détérioré
Marge(s) coupée(s)

Valable pour tout ou partie
du document reproduit

Couverture inférieure manquante

Original en couleur

NF Z 43-120-8

HIATUS & LACUNE

VESTIGES DE LA PÉRIODE DE TRANSITION

DANS

LA GROTTE DU MAS-D'AZIL

Par Ed. PIETTE

(Extrait des Bulletins de la Société d'Anthropologie de Paris)
— Séance du 18 avril 1895 —

BEAUGENCY
IMPRIMERIE J. LAFFRAY
1895

(17)

HIATUS & LACUNE

VESTIGES DE LA PÉRIODE DE TRANSITION

DANS LA GROTTE DU MAS-D'AZIL

Pendant les dernières années de l'empire, Edouard Lartet était Président du *comité de la Paléontologie française*. Aujourd'hui, après la mort de M. Cotteau et celle de M. de Saporta, il ne reste plus que deux membres fondateurs de ce comité, M. de Fromentel et moi. Mais alors, nous étions nombreux; nos réunions avaient lieu à Paris; elles étaient suivies d'agapes fraternelles. M. de Ferry qui venait de découvrir Solutré, était des nôtres. Il arrivait toujours les poches bourrées de silex et d'ossements, et ne manquait jamais de les vider devant nous, pour consulter notre Président. La conversation, par une pente irrésistible, dérivait sur les âges préhistoriques, alors à peine entrevus. C'est pendant une de ces réunions que j'ai entendu Lartet exprimer la pensée que l'industrie néolithique ne procédait pas de l'industrie paléolithique. Il en concluait que les vestiges de l'époque intermédiaire entre les temps quaternaires et les temps modernes étaient encore à découvrir. Je ne pense pas qu'il ait publié cette observation; mais elle était connue de tous ceux qui l'ont fréquenté; et deux courants d'opinion s'étaient formés parmi les archéologues à son occasion. Les uns faisaient remarquer que le changement de climat avait dû amener des déplacements de populations, l'apparition de races envahissantes sur notre sol et l'importation d'une industrie nouvelle. Ils en tiraient cette conséquence que l'époque de transition dont on ne connaissait pas les vestiges avait dû être fort courte. Les autres se laissant emporter par leur imagination, soutenaient qu'entre le monde ancien et le monde moderne, il n'y avait rien de commun, qu'il était inutile de chercher des assises reliant une industrie à l'autre, car il y avait, non une *lacune* dans nos connaissances, mais un *hiatus* profond dans la nature, une interruption dans la tradition de l'homme, résultant de ce que les terres occidentales de l'Europe avaient été inhabitées pendant un temps plus ou moins long.

En 1872, M. G. de Mortillet, qui croyait à une simple lacune souleva la question devant le Congrès international d'Anthropologie réuni à Bruxelles, et s'exprima ainsi : « Entre le paléo-« lithique et le néolithique, il y a une large et profonde lacune, « un grand hiatus; il y a une transformation complète. » M. Cartailhac s'écria qu'il y avait *un abîme.*

Le mot *hiatus* employé par M. de Mortillet rendait mal sa pensée; mais elle exprimait bien celle de M. Cartailhac qui croyait à la disparition de l'homme dans nos contrées à cette époque alors inconnue qui sépara les temps quaternaires des temps actuels. Cette dernière opinion, ai-je besoin de le dire, était dénuée de tout fondement. On n'avait découvert aucune trace de cataclysme pouvant la justifier, et il semble qu'elle n'aurait pas dû se produire au Congrès de Bruxelles où des savants étrangers ont fait des communications extrêmement intéressantes sur les tourbières et sur les Kjoekkenmoeddings. Broca la combattit avec beaucoup de bon sens.

Les controverses sur la lacune et sur l'hiatus, se renouvelèrent au Congrès de l'Association française, tenu à Lyon en 1873, à la réunion de la Société d'Anthropologie de Paris, dans la séance du 16 avril 1874, et au Congrès international d'Anthropologie de Stokholm en 1874. A ce dernier congrès, M. Cazalis de Fondouce présenta un excellent mémoire contre l'*hiatus.* M. Cartailhac en inséra un résumé dans les *Matériaux* et il essaya de le refuter (*Matériaux*, année 1874, p. 443). Il s'exprima ainsi :

« Une discussion a eu lieu le 16 avril 1874, à la Société
« d'Anthropologie, entre MM. Piette, Garrigou, de Mortillet.
« Ce dernier posa les conclusions que je vais reproduire :

« *Toute la discussion, je crois, repose sur un malentendu. Entre*
« *l'époque paléolithique ou des cavernes et l'époque néolithique ou*
« *de la pierre polie, il existe un hiatus; mais cet hiatus n'est qu'une*
« *simple lacune dans nos connaissances. Il ne représente pas une*
« *véritable lacune dans le temps et dans l'industrie. Certainement*
« *l'époque paléolithique a dû se rattacher et se souder à l'époque*
« *néolithique; mais nous n'avons pas encore découvert le point de*
« *contact. Entre les deux époques, il n'y a pas eu une période où*
« *l'Europe était inhabitable; seulement, les restes de l'époque de*
« *transition ou de passage, n'ont pas encore été trouvés et reconnus.*
« *C'est ce qui constitue l'hiatus que nous constatons. Je le répète,*
« *cet hiatus n'est pas réel; il n'existe que dans le résultat de nos*
« *études et de nos recherches actuelles. Je devais une explication*
« *parce que je suis le principal propagateur de l'idée de l'hiatus.*
« *J'ai signalé le fait pour stimuler les recherches et les investiga-*
« *tions.*

« Ainsi réduite, la question disparaît à peu près, et nous ne
« sommes pas plus avancés qu'au jour où Ed. Lardet signa-
« lait une solution de continuité entre l'âge de la pierre polie
« et l'âge de la pierre taillée, et nous donnait sa classification
« si heureuse en féconds résultats.

« Mais je ne suis pas de l'avis de M. de Mortillet. Je l'avoue
« avec regret, car je sais combien est grande l'autorité du
« fondateur des *Matériaux*; de sorte que, pour employer ses
« mêmes expressions, je suis le principal propagateur de l'i-
« dée d'*hiatus*, telle que la combat M. Cazalis de Fondouce,
« ce qui m'impose le devoir de répondre. »

Voilà donc M. Cartailhac qui s'érige en chef d'école et en
contradicteur de M. de Mortillet. Il avait bien mal choisi la
doctrine dont il se faisait le champion. Il était nécessaire de
reproduire ce passage pour faire comprendre combien étaient

contradictoires les sens que MM. de Mortillet et Cartailhac attachaient au même mot *hiatus*.

Au congrès tenu à Nantes en 1875, par l'*Association française*, je fis, dans la séance du 26 août, une communication sur *les vestiges de la période néolithique comparés à ceux des âges antérieurs*. Je prouvai que l'industrie néolithique procédait, quoi qu'on en ait dit, de l'industrie quaternaire et surtout de celle de Solutré. Des figures représentant des silex des deux époques, placés les uns à côté des autres, rendaient la démonstration évidente. Il était manifeste qu'il y avait filiation et même souvent identité de forme. Je ne pouvais prouver une filiation immédiate ; car si, dans plusieurs gisements néolithiques, on avait recueilli des pointes de silex en feuille de laurier, en feuille de saule, en losange, semblables à celles de Solutré, les stations magdaléniennes qui sont intermédiaires, en étaient dépourvues dans la vallée de la Garonne et dans les Pyrénées, où je les avais étudiées. La découverte des beaux-arts avait fait suivre à l'homme un chemin nouveau. La taille élégante du silex avait cessé d'être son idéal. La sculpture, la gravure, le travail de l'os, étaient devenus les objets de ses préoccupations. De là, l'abandon des types de silex, dont la confection demandait beaucoup de soins et de temps. Mais si, dans certaines contrées, les populations avaient rapidement progressé, dans d'autres, elles s'étaient attardées dans les errements du passé. C'est ainsi que, sur les rives du Gard et de l'Ardèche, M. Cazalis de Fondouce et le Dr Raymond ont découvert des grottes incontestablement magdaléniennes, dépourvues de gravures et de sculptures, mais contenant des pointes de silex pareilles à celles de Solutré et des temps néolithiques. En faisant connaître ces stations, ils ont renoué la tradition de l'homme, et il n'a plus été permis de dire que l'industrie moderne ne procède pas de l'industrie quaternaire.

Il restait à découvrir les assises de transition qui soudent la période quaternaire à la période moderne. Depuis 1871, je fouillais les grottes magdaléniennes des Pyrénées, n'épargnant ni argent ni peine pour en connaître la stratigraphie.

Mon but était beaucoup moins de réunir une collection que de faire une étude détaillée des couches et de lire dans leur superposition la succession des temps, les progrès de l'industrie et la marche des sociétés humaines. Cette étude minutieuse devait nécessairement m'amener à rencontrer les assises qui recouvrent les vestiges de l'âge du renne et celles sur lesquelles ils reposent. J'ai eu la bonne fortune de découvrir les restes de cette époque ignorée qui sépara l'âge magdalénien de celui des haches en pierre polie et de combler la lacune sur laquelle on avait tant discuté. Quant aux dévots de l'*hiatus*, cette époque de désolation pendant laquelle nul pied humain n'aurait foulé le sol de nos contrées, force leur a été d'abandonner une croyance dont ils avaient presque fait un dogme, mais qui n'avait jamais reposé sur la plus petite donnée scientifique.

Ce fut au Mas-d'Azil, en 1887 et en 1888, que je fis cette découverte. J'y ai reconnu deux gisements de l'époque de transition, l'un situé sous un abri de roche, à droite de l'entrée de la grotte, à un niveau beaucoup plus élevé que celui de la route, l'autre sur la rive gauche de l'Arise, dans la grotte elle-même, au point où la rivière pénètre dans la caverne. Ce dernier est très étendu et livre un vaste champ à l'étude. J'y ai relevé, de haut en bas, la succession des assises suivantes :

A. 0 m. 80 à 1 m. 80. — Blocs de rocher et pierres tombées de la voûte. On trouve dans leurs interstices, à la base, quelques haches en pierre polie, à la partie moyenne des traces de vert-de-gris, à la partie supérieure des clous, des tessons de poterie gauloise et de poterie vernissée. Au nord-ouest, cette assise se transforme en trois couches plus ou moins vaseuses et remplies de pierrailles, correspondant aux époques néolithique à hache polie, calceutique et sidérique.

B. 0 m. 60. — Cendre rubanée à escargots, composée de minces lits onduleux gris, blancs ou noirs. Les escargots sont des *helix nemoralis* en vastes amas lenticulaires. On trouve dans cette assise des ossements de cerf elaphe, de sanglier, de bœuf, de chèvre, des grattoirs en silex ronds, des outils finement retouchés en forme de lame de canif, des racloirs, des ciseaux, des tranchets en roche polie, quelques outils de type magdalénien, des poinçons et des lissoirs en os, des coquilles de noisettes, de noix, des glands, des graines d'érable, des vestiges de châtaigne, des noyaux de prunes, de cerises, de prunelles, d'aubépine. Cette couche correspond aux Kjoekkenmoeddings.

C. 0 m. 65. — Couche rougeâtre renfermant de la cendre, du charbon, des amas de peroxyde de fer, de grosses pierres tombées de la voûte, des silex de forme magdalénienne, de petits grattoirs arrondis, des instruments en lame de canif, très finement taillés, des canines percées de cerf, de nombreux poinçons, des lissoirs, des harpons perforés, plats, ovalaires, en ramure de cerf, des galets coloriés en grande abondance, des ossements de cerfs élaphes, parmi lesquels on remarque ceux de trois variétés, le cerf de nos forêts qui est très commun, le cerf du Canada assez rare et un cerf de petite taille dont les dents ont quelque ressemblance avec celles du renne. On y trouve des os de chevreuil, de bouquetin, de chamois, de bœuf primitif, de cheval, d'ours commun, de sanglier, de blaireau, de chat sauvage, de castor, d'oiseaux divers, de truites, de brochets, de cyprins, de grenouilles. J'y ai recueilli des noix, des noyaux de prunes, de prunelles, de cerises, des baies d'aubépine, du blé, des restes de litière, et une portion de squelette humain inhumé après avoir été dépouillé de ses chairs avec un silex et rougi par du peroxyde de fer. Les rayures du silex sur un des fémurs sont très apparentes. J'ai aussi rencontré dans cette assise de petits galets plats, allongés, usés par le frottement à l'une de leurs extrémités, et transformés ainsi en ciseaux et en tranchets. — Cette couche C et celle qui renferme des amas d'escargots, B, ne contiennent ni hache en pierre polie, ni ossements de renne. Elles sont des assises de transition intercalées entre les derniers strates de la période magdalénienne et l'étage des haches en pierre polie.

Au nord, dans le voisinage de la rivière, elles ont été emportées, ou submergées et lavées par des inondations qui se sont

élevées jusqu'à 13 et 14 mètres au-dessus du niveau moyen
actuel des eaux de l'Arise. Dans les endroits où elles n'ont été
que lavées, les débordements en ont enlevé les parties menues,
ne laissant que de grosses pierres. Au sud, elles sont restées
intactes, protégées par une avancée du rocher à l'entrée de
la grotte. Ces inondations dues à des fontes de neige ou à des
pluies abondantes, ne sont pas les seuls indices de l'importance du volume des eaux que roulaient les rivières à cette
époque. Les os de castor, la grande quantité de mâchoires et
de vertèbres de poisson, le nombre considérable de harpons
de pêche, donnent à penser que, dans la vallée de l'Arise, et
peut-être dans la grotte elle-même, il y avait des étangs, des
lacs minuscules, où la pêche était fructueuse et où les castors
pouvaient établir leurs demeures. L'abondance des ossements
de sanglier et la présence des os de grenouille révèlent l'existence de vallées marécageuses. Enfin, l'immense quantité
d'*helix nemoralis*, dans la couche à escargots, prouve, plus que
toute autre chose, l'humidité du climat de cette époque. L'*helix nemoralis* et l'*helix hortensis* sont deux variétés d'une même
espèce. L'*helix nemoralis* est la variété des pays humides. Aujourd'hui, on n'en voit plus dans la faune vivante des environs
du Mas-d'Azil; on n'y voit que des *helix hortensis*. Il en était
déjà ainsi à l'époque des haches en pierre polie. On peut en
conclure que le climat de cette dernière époque fut beaucoup
moins humide que celui qui régnait, dans ce pays, pendant
que la couche à escargots se formait. Cette conclusion est
d'autant plus légitime que les inondations de l'Arise qui s'éle-
vaient, comme je l'ai dit, à 13 et 14 mètres au-dessus du niveau moyen actuel de la rivière aux temps des galets coloriés
et des repas d'escargots et enlevaient des assises situées à
cette hauteur, ont été bien moindres à l'époque des haches
en pierre polie, puisqu'elles ont laissé intacte une couche renfermant ces sortes de haches, placée près de l'Arise, à six mètres seulement au-dessus de son niveau. Il résulte de cette
observation que le régime actuel des cours d'eau n'a commencé qu'avec l'usage de la hache en pierre polie.

L'étude des *assises à galets coloriés* et à *escargots* nous révèle une particularité non moins importante. Les forêts étaient reconstituées au moment où elles ont été formées [1]. Le climat était même assez doux pour que les arbres fruitiers aient alors prospéré dans la région pyrénéenne. La cendre des foyers de la couche à galets coloriés est presque toujours noire. On y brûlait donc habituellement des déchets de chair, comme aux temps magdaléniens. Malgré la possession d'un peu de blé et de quelques fruits, l'homme qui peignait sur cailloux roulés vivait presqu'exclusivement de viande. Les mœurs de l'âge précédent avaient été transmises en grande partie à la génération nouvelle. Cependant, la grande quantité de charbons que l'on voit dans la cendre prouve que les feux étaient allumés et souvent même entretenus avec du bois. La végétation arborescente avait donc reparu. C'est d'ailleurs ce que démontre mieux encore la rencontre de quelques vestiges de fruits dans cette assise. Ces vestiges sont beaucoup plus abondants dans la couche à escargots. La cendre des foyers y est presque partout grise ou blanche comme celle des feux de bois. Les habitants de la caverne n'y brûlaient donc pas ordinairement de la chair. Les mollusques et les végétaux formaient une partie notable de leur alimentation. Il y avait eu transformation de mœurs. Il n'est pas sans intérêt de constater que, dès l'époque de transition, le prunier, le merisier et le noyer croissaient sur notre sol. A en juger par les noyaux, il y avait deux variétés de

---

[1] A l'altitude et à la latitude du Mas-d'Azil, les forêts paraissent n'avoir pas été complètement détruites, même au temps des plus grands froids de l'époque magdalénienne. On trouve un peu de charbon dans toutes les assises. Mais il y a d'autres grottes (la grande caverne d'Arudy par exemple, où, aux temps équidiens on allumait le feu avec de grandes herbes. Aucune trace de charbon n'y a été reconnue dans les couches magdaléniennes inférieures. Si l'on en voit aujourd'hui à l'endroit où elles affleuraient, c'est parce qu'il y en avait beaucoup dans la sépulture d'un fondeur de bronze inhumé dans ces strates.

cerises et trois de prunes. Ainsi s'évanouissent les légendes suivant lesquelles le cerisier aurait été importé d'Asie en Italie par Lucullus et le prunier par Caton l'Ancien.

Déjà en 1785, l'abbé Rozier avait prouvé que nos bonnes variétés de cerisier dérivaient soit par les semis, soit par l'hybridation des merisiers ou cerisiers sauvages, arbres rares en Italie, mais aborigènes des Gaules, de la Grande-Bretagne et de la Germanie. Lamarck, dans l'*Encyclopédie méthodique*, avait adopté sa manière de voir. Cela n'empêcha pas les auteurs se copiant les uns les autres de continuer à attribuer une origine asiatique au cerisier et au prunier. L'étude des assises de transition, dans la grotte du Mas-d'Azil, démontre que ces arbres prospéraient déjà sur notre sol avant l'époque des haches en pierre polie. Lucullus n'a donc doté l'Italie que d'une simple variété de cerisier, et Caton n'a importé dans ce pays qu'une variété de prunier. Or, le nombre des variétés de ces arbres fruitiers était déjà grand, au temps de Pline, puisqu'il en compte dix pour le cerisier.

Les botanistes attribuaient aussi une origine asiatique à notre noyer commun (*Juglans regia*), et cette opinon pouvait paraître justifiée, puisque plusieurs espèces appartenant au genre *juglans*, notamment celle de nos vergers, croissent et prospèrent sur les bords de la mer Caspienne. Cependant Bernardin de Saint Pierre soutenait, je ne sais sur quel fondement, que notre noyer est originaire de Sardaigne. La vérité est que l'ère de végétation de cet arbre a été, aux temps anciens, beaucoup plus vaste qu'on ne le pensait, puisqu'il existait dans la région pyrénéenne avant l'époque des haches en pierre polie, en sorte que nous n'avons eu nullement besoin de l'importer d'Orient. Les noix sont petites et rares dans l'assise à galets coloriés. Leur coque ou bois est très dure. Elles sont plus nombreuses dans l'assise à escargots ; mais leur coque n'est guère plus tendre. Moins communes et plus grosses dans l'assise des haches en pierre polie, elles sont semblables à la variété ordinaire que nous cultivons.

Il y avait déjà des noyers dans le pays de Gaule à l'époque

tertiaire. On en a notamment signalé une espèce de l'époque pliocène dans le midi de la France, le *juglans minor*

J'aurais fait connaître l'*assise à galets coloriés* d'une manière incomplète si je ne disais quelques mots des galets eux-mêmes. Ils sont généralement plats et ovalaires. Ils ont été recueillis dans le lit de l'Arise. La couleur employée pour les peindre est le peroxyde de fer dont le gisement se trouve en amont de la rivière. La couche de couleur est parfois fort épaisse. Elle a dû être mêlée à une résine ou à un corps gras pour la fixer, car ordinairement elle adhère fortement et elle résiste souvent au lavage. On la délayait dans la valve creuse de grands pecten, sur des spatules, dans les cavités naturelles de cailloux roulés. Cette couleur servait probablement aussi au tatouage, car des os d'oiseaux creux et terminés en pointe en sont remplis.

Les peintures des galets paraissent avoir été des sortes d'hiéroglyphes. Les plus nombreuses sont des bandes rouges parallèles, des cercles rouges, alignés ou tangeants à la circonférence ; elles semblent être des nombres, et les galets qui les portent sont peut-être des marques de jeu. Chaque cercle, chaque bande serait une unité. Les petits nombres, deux, trois, quatre, sont communs sur les galets ; il est rare de trouver des cailloux roulés sur lesquels il y ait neuf ou dix bandes ou neuf ou dix cercles. Rien ne nous fait soupçonner quel fut le système de numération de cette époque. Les bandes sont parfois frangées et ressemblent à des rameaux. C'est une ornementation qui ne devait pas changer la signification du signe et qui révèle un art rudimentaire, sans élégance, bien éloigné de celui de l'âge du renne. La peinture a figuré d'autres signes représentatifs d'idées : la croix simple, la croix double, des cercles avec un point au milieu, des sortes de V ou d'E, des O, des U à base anguleuse, des M gothiques, des M aux jambages écartés, des I sans point, des échelles à un seul support traversé par les goujons, des flèches barbelées, des lignes onduleuses et serpentantes, des courbes parallèles superposées, des courbes en fer à cheval isolées ou superposées, des chevrons, des cercles dans lesquels est une sorte de cœur, une figure sur laquelle on semble avoir voulu représenter une pierre servant de chevet et divers autres caractères plus compliqués. Plusieurs de ces caractères sont également sur les dolmens. Tels sont la croix, le cercle pointé, les courbes parallèles, etc., et il y aurait lieu de faire un travail comparatif de ces signes avec ceux des inscriptions libyques, des inscriptions ibériennes restées indéchiffrées et avec les caractères berbères. Les M aux jambes écartées, les échelles à deux supports, les cercles pointés, les chevrons avaient été figurés dès la dernière partie de l'époque magdalénienne (celle que j'ai nommée cervidienne). On remarquera l'absence de figurations d'animaux d'autant plus frappante que l'*époque des galets coloriés* succède immédiatement à l'âge du renne qu'elles caractérisaient.

L'assise à galets coloriés C repose, dans la tranchée, sur les couches suivantes :

D. 0 m 50. — Limon jaunâtre feuilleté et en quelque sorte papyracé, tant les feuillets schisteux sont minces. Lorsqu'on regarde ces feuillets à la loupe, on voit qu'ils sont composés, à la base, d'éléments relativement grossiers et, à la partie supérieure, de grains très fins qui paraissent provenir du lœss. Parmi les éléments de la base, on remarque de nombreux grains de peroxyde et d'hydroxyde de fer arrachés aux roches encaissantes de la rivière en amont, des grains de calcaire blanchâtre pris aux collines avoisinantes et quelques fragments spathiques, brillants comme des paillettes de mica et provenant de la trituration des oursins contenus en grand nombre dans la roche où est creusée la grotte. Chacun de ces feuillets est le vestige d'une inondation, ou d'une recrudescence dans une inondation. J'ai détaché quelques morceaux de limon pour en avoir des échantillons. L'un d'eux, qui a huit millètres d'épaisseur, contient 13 feuillets; un autre, de trois millimètres d'épaisseur, en contient huit. On peut donc admettre en moyenne deux feuillets par millimètre d'épaisseur. J'ai indiqué 0 m. 50 pour la puissance de cette assise;

mais elle n'est nullement régulière. Dans la tranchée dont je donne la coupe, son épaisseur varie de 0 m. 12 à 0 m. 17 et de 0 m. 17 à 0 m. 90. Elle a été déposée dans les ravinements d'une couche archéologique sous-jacente et s'est en partie formée à ses dépens, puisqu'on y voit quelques silex, de rares ossements et des grains très fins de cendre et de charbon. Elle disparaît en certains points à l'est, et totalement à l'ouest, à quelques mètres de la tranchée. Là, la couche archéologique sous-jacente est demeurée intacte et se trouve en contact immédiat avec l'assise à galets coloriés qui repose sur elle. Protégée par une avancée du rocher à l'entrée de la grotte, cette assise archéologique est restée à l'état d'îlot pendant des inondations réitérées, emportée vers le nord par le courant impétueux de la rivière, ravinée au sud par le remous qui a déposé le limon schisteux dans ses dépressions. M. de Kerveiller a découvert autrefois, à Saint-Nazaire dont on creusait le port, des limons feuilletés, semblables à ceux que je décris. Partant de ce principe que la Loire a chaque année une grande crue, il a proposé un chronomètre d'après lequel le nombre des feuillets correspondrait à un nombre égal d'années. On commettrait une erreur singulière si l'on essayait d'appliquer ce chronomètre au limon qui nous occupe. Ses feuillets sont des dépôts de remous, et au cours d'une grande inondation, le remous a peut-être pu vingt fois s'élever au niveau où se sont formés ces feuillets et vingt fois s'abaisser et disparaître. Dailleurs, le régime des eaux fluviatiles, à cette époque, était bien différent de celui des temps modernes. Les inondations de l'Arise montaient à treize mètres au-dessus du niveau actuel de ses eaux. Les fontes de neiges extrêmement abondantes et les pluies torrentielles donnaient aux rivières une ampleur qu'elles n'ont plus maintenant. Aussi n'est-ce que par curiosité que je vais calculer, d'après les principes de M. de Kerveiller, le nombre d'années que représenterait la petite couche de limon feuilleté qui affleure en certains endroits sous l'assise à galets coloriés. En admettant qu'un feuillet représente une année, et qu'il y ait en moyenne deux feuillets par millimètre d'épaisseur, on a, pour 12 centimètres, deux cent quarante années, pour 17 centimètres, 340 années et pour 0 m.90, dix-huit cents années. Que serait-ce, s'il fallait y ajouter les feuillets des limons inférieurs dont je vais faire la description. Cela prouve que ce qui est vrai pour l'époque actuelle devient complètement faux pour l'ère quaternaire et même pour la période de transition qui l'a suivie.

E. 0 m. 03. — Lit discontinu de pierrailles résultant du lavage de la couche archéologique.

F. 0 m. 25 à 0 m. 50. — Couche archéologique, noirâtre, formée de cendre, de charbon, de pierres, d'esquilles d'os, de silex taillés de forme magdalénienne. Elle est légèrement inclinée vers la rivière. J'y ai recueilli des gravures sur os, des aiguilles, des harpons en bois de renne et en bois de cerf, de gros lissoirs en bois de cerf, des flèches à base en biseau. Les ossements sont ceux du renne, qui est très rare, du cerf élaphe, du chevreuil, du bœuf, du bouquetin, du renard, du loup et d'oiseaux divers.

G. 0 m. 20 à 0 m. 36. — Limon feuilleté schisteux, composé de feuillets papyracés semblables à ceux du limon D, mais un peu plus épais, ayant en moyenne un millimètre et un cinquième de millimètre, ce qui fait 160 feuillets pour une épaisseur de 0 m. 20 et 288 pour une épaisseur de 0 m. 36. La schistosité est parallèle au plan de stratification et déterminée par elle. Les feuillets sont groupés par couches de quinze à dix-huit millimètres de hauteur intercalées entre de très minces lits de sable calcaire assez grossier, contenant des grains de peroxyde de fer.

H. 0 m. 30 à 0 m. 45. — Couche archéologique de terre noire devant sa couleur à la cendre des déchets de chair brûlés dans les foyers. Elle est remplie de pierrailles. On y trouve du charbon, des silex magdaléniens, de petits grattoirs arrondis, des outils en lame de canif, des rondelles en os, des gravures sur os, sur bois de renne et sur bois de cerf, des harpons à fût cylindrique et à saillies en bois de renne, quelques harpons en bois de cerf élaphe, les uns à fût cylindrique et à saillies, les autres plats, ovalaires, perforés, des aiguilles en os, des épingles, des poinçons, des flèches à base en biseau, et de gros bissoirs en endouiller de cerf, caractéristiques de la fin des temps magdaléniens. J'y ai recueilli des ossements de cerf élaphe, de renne, de chevreuil, de bœuf, d'aurochs, de bouquetin, de chamois, de cheval, de loup, de renard, de lynx, de lièvre, de coq de bruyère, de gélinotte. Les débris de renne sont rares. Cette couche plonge légèrement vers la rivière.

I. 1 m. 30 à 1 m. 80. — Limon sableux, schistoïde dans le ens de la stratification. Sa masse assez compacte, quand il vient d'être mis au jour, est d'un jaune sale tirant sur le gris ou le brunâtre. On le voit se déliter à l'air quand il y a été exposé pendant plus d'un mois. Les lits schisteux ont alors un peu plus d'un centimètre d'épaisseur. Ainsi, un morceau de 0 m. 22 que j'avais recueilli, contenait dix-huit lits. Etant revenu dans le gisement après plusieurs mois d'absence, je remarquai que cette couche de limon dont la tranche verticale était restée exposée à l'air depuis l'abandon de la tranchée, s'était subdivisée en feuillets beaucoup plus minces, composés des mêmes éléments que ceux des couches G et D. Des lits de sable d'un demi-millimètre d'épaisseur s'intercalent de temps en temps entre deux faisceaux de feuillets. Ce sable, relativement grossier, contient des grains de peroxyde de fer et de calcaire.

J. 0 m. 20. — Lit de pierres et de terre mélangée avec de la cendre noire et du charbon, contenant des silex taillés de forme magdalénienne, des ossements de renne, de bœuf, de cheval. C'est le reste d'une couche archéologique remaniée et lavée par une inondation. Elle a été complètement enlevée plus au large, vers le nord.

K. 0 m. 80. — Limon jaune mêlé avec du sable, rempli de pierrailles qui semblent être tombées de la voûte et qui proviennent certainement des calcaires dans lesquels la grotte est creusée, ou de leur prolongement en amont. Dans cette couche, les pierres forment à peu près la moitié de la masse.

L. 0 m. 10. — Terre noire mélangée avec de la cendre et du charbon, remplie de pierrailles, contenant quelques silex taillés de forme magdalénienne, des ossements brisés de cerf, de renne et de bœuf. C'est le reste d'une couche archéologique très remaniée par une inondation et emportée complètement au nord, dans le voisinage de la rivière. Au sud, près de la muraille de la grotte, elle est remplacée par un lit de pierres. En cet endroit le contre-courant qui s'est formé a été assez fort pour enlever toutes les parties menues de la couche. A quelques mètres de la muraille, l'effet du contre-courant a été moindre ; la terre noire n'a pas été emportée tout entière, et, en suivant l'affleurement de cette couche vers le nord, on la voit augmenter peu à peu en épaisseur et s'incliner vers le nord.

M. 1 m. 40. — Couche de pierrailles et de limon semblable à la couche K.

N. 0 m. 10. — Vestiges d'une couche archéologique indiquée par du charbon, des pierres, des ossements de cerf et quelques silex magdaléniens.

P. Plus de 0 m. 80 de terre graveleuse, jaunâtre, mélangée avec du limon, contenant quelques pierrailles.

Les couches D, E, F, G, H, I, J, K, L, M, N, P, appartiennent toutes à une même formation, celle que j'ai nommée *élapho-tarandienne*. C'est la dernière de l'âge du renne. Elle correspond à une longue époque, pendant laquelle l'humidité du climat fit souffrir le renne et finit par le faire disparaître. Sa faune fut celle des temps modernes, si l'on en excepte ce cervidé qui devenait de plus en plus rare dans la région pyrénéenne. Les harpons en bois de renne, les aiguilles, les flèches à base en biseau et surtout les gros lissoirs en andouiller de cerf caractérisent son industrie. Ses silex taillés sont presque tous magdaléniens ; on remarque pourtant parmi eux de petits grattoirs arrondis et des outils en lame de canif, précurseurs des temps nouveaux. La succession des couches, les éléments dont elles sont composées et l'état dans lequel elles se trouvent aujourd'hui racontent une interminable série d'inondations, des fontes de neiges, des pluies continues ou torrentielles. Il ne faudrait pas attribuer les débordements à des barrages accidentels formés témporairement dans la grotte. Peut-être y en a-t-il eu. Peut-être le tunnel formé par la caverne, en aval, n'a-t-il pas toujours offert un débouché suffisant aux eaux du torrent, mais cela n'infirme pas les preuves de l'humidité du climat. Dans la caverne de Gourdan on observe les mêmes d'assises que sur la rive gauche de l'Arise, à l'exception des couches fluviales ; car elle se trouve à un niveau trop élevé pour que les débordements de la Garonne aient pu l'atteindre ; mais quand les eaux de pluies continues ou torrentielles entraînaient avec elles le loess qui formait le revêtement de la montagne, la masse boueuse pénétrait dans la grotte par les fentes du calcaire et par des conduits naturels, s'étendait sur une partie de la couche archéologique et y formait un dépôt. De là une succession de couches archéologiques et de couches limoneuses qui ne prouvent pas moins que les lits fluviatiles du Mas-d'Azil l'humidité du climat. Quelques auteurs allemands placent à cette époque la dernière extension glaciaire. Les faits que je signale militent en faveur de leur opinion, et moi-même je suis disposé à regarder la moraine frontale de Caseaux-sur-Arboust comme contemporaine de ces temps pluvieux. Je dois ajouter cependant que la reprise de la marche en avant des glaciers dans le midi de la France a été très peu considérable, et que s'il est naturel qu'elle ait eu plus d'amplitude en Allemagne, elle n'a pu, à beaucoup près, égaler les extensions antérieures à Chelles ni l'extension mostérienne, et a dû être resserrée dans des limites étroites.

Au Mas-d'Azil, cinq fois les hommes de l'âge du renne s'installèrent dans la grotte sur la rive gauche de l'Arise, et cinq fois les inondations les en chassèrent. Ils se réfugiaient alors sous des abris de rocher, dans des lieux plus élevés. Il y en a un à droite de l'entrée de la caverne, dans le voisignage d'une ferme. Il a dû recevoir plus d'une fois les troglodytes fuyant devant l'inondation. J'y ai constaté l'existence des

mêmes assises que sur la rive gauche du cours d'eau, à l'exception des couches fluviatiles. La couche à galets coloriés
et à harpons plats y repose, sans intermédiaire, sur les derniers strates de l'âge du renne. Dans la grotte elle-même où
il y a eu un îlot épargné par le torrent, l'on peut voir aussi
ces deux couches en contact immédiat. Mais s'il est vrai que
cet îlot n'a pas été complètement couvert par un dépôt fuvia-
tile, en résulte-t-il qu'il a continué à être habité pendant la
série d'inondations dont les eaux l'entouraient de toute part.
Cela n'est guère vraisemblable. Quoi qu'il en soit, il ne vien-
dra à l'esprit de personne de considérer les inondations et la
fuite des populations devant elles comme des preuves de
l'existence d'un *hiatus*. Quand la rivière était rentrée dans
son lit et que la grotte était redevenue habitable, l'homme y
revenait, et la nouvelle assise archéologique qu'il formait était
pareille à la précédente. Les couches E, F, H, J, L, N sont
identiques au point de vue de la faune et de l'industrie. Le
renne y devient de plus en plus rare. L'emploi d'instruments
en ramure de cerf y est de plus en plus fréquent. Mais ces
changements sont presqu'insensibles. Lorsque l'homme est
forcé de quitter la grotte pour la cinquième fois, les eaux
débordées y déposent une mince couche de limon feuilleté
semblable aux limons sous-jacents et qui n'est, pas plus
qu'eux, un indice d'hiatus ; c'est un vestige d'inondations
passagères qui n'ont jamais intéressé que les parties basses
de la vallée. Et cependant, pendant qu'il se dépose, un fait
considérable s'accomplit. Le renne, que l'humidité du climat
avait de plus en plus affaibli, ne peut supporter la dernière
série d'années pluvieuses ; il s'éteint dans la région pyrénéenne. Sa ramure était la matière première de l'industrie en
os : c'était elle que les artistes incisaient et couvraient de
gravures. Il fallut chercher de nouvelles formes d'instruments. Aussi, lorsque les troglodytes revinrent dans la grotte,
leur outillage en os était renouvelé, et ils ne gravaient plus.
Mais leurs outils en silex étaient les mêmes qu'avant leur
départ, et ce seul fait suffirait pour prouver la continuité du

développement industriel dans nos contrées. D'ailleurs, les progrès accomplis dans l'outillage en ramure de cerf avant le départ, avaient été utilisés. C'est ainsi que le nouveau type de harpon adopté après l'extinction du renne n'a été que le perfectionnement d'un type déjà trouvé auparavant sous l'abri de la grotte. Les changements de climat occasionnent toujours des déplacements de populations. Les hommes de l'âge du renne fuyant les inondations et cherchant de nouvelles demeures, et ceux qui étaient restés sous l'abri de la rive droite du Mas-d'Azil durent se trouver en contact avec de nouveaux venus ; et quand ils furent en peine pour renouveler leur outillage, ils imitèrent sans doute plus d'une fois le leur. Les glaciers ne présentaient plus un obstacle sérieux aux triubus et aux individus isolésqui voulaient franchir les Pyrénées. Un courant d'idées nouvelles se forma et les mœurs se modifièrent. L'art sombra dans cette transformation. Ce fut peut-être dans des pérénigrations au sud des Pyrénées que nos troglodytes apprirent à peindre sur galets. Depuis longtemps, il est vrai, les magdaléniens employaient le peroxyde de fer soit pour se peindre le corps, soit pour d'autres usages, car leurs statuettes, leurs gravures et leurs instruments en sont parfois rougis. Peignaient-ils sur pierre ? Cela n'est pas démontré. Depuis mes découvertes du Mas-d'Azil, des observateurs superficiels l'ont avancé ; mais ils se sont laissés tromper par des remaniements : et il est tout aussi probable que les populations de l'âge du renne, après l'extinction de cet animal, ont emprunté cet art à un autre peuple, pendant la crise qui a transformé leurs mœurs.

Il résulte de la coupe qui précède, qu'après la clôture des temps quaternaires, signalée par la perte du renne, il y a eu, avant l'invention de la hache en pierre polie, une époque non moins humide que la précédente, mais moins froide, qui a eu deux phases représentées par la couche à galets coloriés et par celle à escargots. Cette époque fut celle des tourbières qui avaient commencé à se former aux temps élapho-tarandiens. L'art du polissage de la pierre a été inventé avant la hache.

Dans les couches E, F et H j'ai trouvé des pierres quartzeuses, faciles à tenir à la main, dont l'extrémité présentait une surface plane, unie ou légèrement rayée, perpendiculaire à l'axe. Elles ont certainement servi à concasser et à broyer, et le polissage grossier qu'elles ont subi provient de l'emploi qui en a été fait. Ce sont de petites meules dont la surface unie par le frottement n'a que cinq ou six centimètres de diamètre. Dans la couche à galets coloriés, j'ai recueilli des ciseaux et des tranchets faits de petits galets siliceux, plats et ovalaires. Une de leurs extrémités usée soit d'un côté, soit des deux côtés, pour la rendre coupante, a été polie par le frottement ; mais ici encore le polissage n'a pas été le but. Il ne résulte pas de l'emploi de l'outil, comme celui des meules ; il résulte du procédé de fabrication. Il n'en est plus de même dans la couche à escargots : on y rencontre des ciseaux, des tranchets, des racloirs, des grattoirs entièrement polis. Ceux qui ont fabriqué ces objets les ont polis pour les rendre plus beaux. Le polissage est devenu pour ces ouvriers un mode d'ornementation. Il a été le but de leur travail. Avec ces outils commence l'*époque de la pierre polie* ; mais non celle des *haches en pierre polie*. La hache n'a pas encore été rencontrée dans l'assise à escargots ; on ne la trouve que dans les couches superposées. Ainsi les assises de transition du Mas-d'Azil nous font assister à l'invention du polissage de la pierre et à son application à diverses sortes d'outils.

Telles furent les découvertes que je fis en 1887 et 1888. Elles furent mentionnées très succinctement dans des notes présentées à l'Académie des Sciences et à celle des Inscriptions et Belles-Lettres, dans deux brochures que je publiai et dans des articles parus dans les comptes-rendus des Congrès de Paris et de Pau. Mais la plus grande publicité qu'elles reçurent fut celle de l'Exposition internationale de 1889. Toute ma collection du Mas-d'Azil y fut placée dans des vitrines où je l'avais classée stratigraphiquement et chronologiquement, de telle sorte que l'on voyait les perfectionnements de l'outillage se succéder, et chaque instrument apparaître à une date relative déterminée. De courtes notes écrites sur des cartons initiaient le visiteur à l'histoire des époques magdaléniennes et au travail de subdivision que j'avais accompli. Jamais entreprise pareille n'avait été tentée. Des millions de personnes défilèrent devant mes vitrines. Quelques-unes prirent des notes, et tous les journaux de Paris s'en occupèrent. Cependant les brochures et les articles parus n'avaient donné qu'une idée très incomplète du résultat de mes observations. Des vulgarisateurs peu scrupuleux auraient pu entreprendre de vulgariser les enseignements donnés par mes vitrines de l'Exposition avant que je ne les ai fait imprimer. Il était urgent que je décrive, avec détail, les assises de transition. C'est ce que je viens de faire dans la présente étude.

Avant mes travaux, on avait souvent rencontré des harpons ovalaires en ramure de cerf, à base perforée ; mais tous les auteurs les avaient rapportés au magdalénien, sans se préoccuper de la place qu'ils occupaient dans la série des assises. M. Garigou, qui en avait trouvé à Alliat, dans la grotte de la Vache, les avait pris pour des pendants d'oreille, et loin de voir dans l'assise qui les contenait le représentant de la lacune, il avait prétendu trouver dans la stratigraphie de cette caverne des preuves de l'existence d'un hiatus. Je détachai cette assise de la formation magdalénienne avec laquelle on l'avait confondue, et je réunis en un étage les strates à galets coloriés et ceux à escargots. De cette façon, la dernière couche magdalénienne fut celle qui est caractérisée par de gros lissoirs en ramure de cerf. Après avoir ainsi fixé la limite supérieure de la période magdalénienne, je m'occupai de sa limite inférieure. J'étudiai la grotte du Pape à Brassempouy avec M. de Laporterie, et je donnai le nom d'étage *eburnéen* à des assises dans lesquelles on trouve des statuettes humaines et des objets en ivoire avec la faune du Monstier. Je leur adjoignis la couche à pointes en feuilles de laurier qui les couronne, et sur laquelle repose la formation magdalénienne.

Ainsi limitée, la *formation magdalénienne* est encore complexe. Elle se divise en deux étages : le premier, que j'ai nommé *hippiquien*, est formé par les assises à sculptures en relief et par celles à gravures à contours découpés ; le second que j'ai nommé *cervidien*, correspond à l'époque de la gravure simple et se subdivise en *assise rangiférienne* et *assise élapho-tarandienne*.

Si, pour introduire plus d'uniformité dans la terminologie, on veut remplacer les noms que j'ai donnés aux divisions qui précèdent par des noms de localités, selon la méthode que M. de Mortillet a empruntée à d'Orbigny, il y a des règles à suivre. La localité qui doit donner son nom à l'étage est celle qui a été la première étudiée et qui a fourni les caractères dont la réunion a permis de le distinguer. Si on en préfère une autre, il faut au moins qu'elle soit mieux caractérisée et plus riche. Faisant application de ces règles, je donnerai le nom de *Papalien* (grotte du Pape) à mon étage *éburnéen* ou *éléphantien* (époque de la sculpture en ronde bosse), en faisant remarquer que cet étage n'est qu'un facies particulier et un démembrement de celui de Solutré. — Divisant la formation magdalénienne en deux, j'appellerai *Arudienne* (grotte d'Arudy), l'époque que j'ai nommée *hippiquienne* (celle de la sculpture en bas-relief et de la gravure à champ-levé). Je donnerai le nom de *Gourdanien* (grotte de Gourdan) à l'étage que j'ai fait connaître sous la dénomination de *cervidien* (assises à gravures simples) et que j'ai subdivisé en *rangiférien* et *élapho-tarandien*. Au-dessus sont les assises qui ont comblé la lacune : elles sont au nombre de deux : celle à galets coloriés et celle à escargots.

Ces deux assises, jointes à la dernière de l'âge du renne, sont les vestiges de ce que j'ai nommé la *période de transition*. Toutes trois se sont formées sous l'influence d'un climat humide, signalé par des inondations réitérées; toutes trois ont un outillage en silex de type magdalénien et renferment en même temps ces petits grattoirs ronds et ces outils en lame de canif, précurseurs et témoins des temps nouveaux; et l'on pourrait dire que toutes trois ont une faune moderne, si la plus ancienne ne renfermait des ossements de renne et des outils faits de la ramure de cet animal, qui la classent parmi les vestiges des temps quaternaires. Celle-ci (l'assise élapho-tarandienne) contient aussi des instruments en ramure de cerf. Son outillage en os est mixte. Il lui donne le cachet de ce que l'on appelle une assise *de passage*. Elle appartient donc bien à la période de transition. Aussi je la décrirais avec plus de détails si elle n'était connue depuis fort longtemps. C'est, en effet, en 1871 que je l'ai découverte dans la grotte de Gourdan. Je l'ai signalée depuis dans celle de Lorthet; enfin je l'ai retrouvée en 1888 et 1889 au Mas-d'Azil, sur la rive gauche de l'Arise. Notons que, dans cette station de la rive gauche, il n'y a pas de couches magdaléniennes plus anciennes, en sorte que ce gisement est le type de la période de transition le plus isolé, comme il est aussi le plus parfait et le plus riche.

L'assise à galets coloriés et celle à escargots appartiennent toutes deux, par leur faune, à l'ère moderne. Elles doivent être classées dans la formation néolithique, malgré la présence de leurs silex magdaléniens. Toutes deux renferment des ciseaux faits de petits galets bruts usés et polis par le frottement à l'une de leurs extrémités pour la rendre tranchante. Cet outil a été le point de départ de l'industrie du polissage de la pierre qui s'est affirmée et développée à l'époque des amas coquilliers à escargots. On a fait alors des ciseaux, des tranchets et même des racloirs entièrement polis; et si la hache en pierre polie n'a pas encore fait son apparition dans ces strates, il n'en est pas moins vrai que ces amas appartiennent incontestablement à l'âge de la pierre polie. Ils ont un facies bien plus moderne que l'assise à galets coloriés. Leur cendre grise est le résidu de feux de bois. La cendre noire des couches où gisent les galets peints est un résidu de feux où l'on a brulé de la chair. Ces différences ne sont pas les seules qui diversifient les strates des deux premières phases de la période néolithique. Les silex sont très nombreux dans l'assise à galets coloriés; on est étonné d'y trouver des espaces où la taille en a été complétement négligée, en sorte que les instruments sont restés presque bruts, et d'autres endroits où ils sont taillés aussi bien qu'aux temps magdalé niens. Dans les amas coquilliers à escargots, ils sont rares, et presque toujours grossièrement façonnés. Les strates à cailloux roulés peints contiennent un outillage d'un caractère particulier en ramure de cerf. Il est peu varié, mais les instruments sont très abondants. Les poinçons et les har pons sont rares dans les amas coquilliers. Ceux-ci renferment des graines et des noyaux de fruits en grande quantité On en trouve très peu dans les assises à galets coloriés. Enfin celles-ci ne contiennent aucun amas coquillier.

Dès l'année 1889, j'ai établi dans les couches qui représentent la lacune des divisions et des subdivisons ; j'en ai créé la nomenclature. Le 25 février 1889, j'ai fait à l'Académie des Sciences une communication intitulée : *Un groupe d'assises représentant l'époque de transition entre les temps quaternaires et les temps modernes.* J'ai décrit l'assise à escargots et celle à galets coloriés (*Comptes-rendus*, 1889, p. 422).

Dans une brochure publiée au commencement de la même année, intitulée : *Les subdivisions de l'époque magdalénienne et de l'époque néolithique,* j'ai divisé l'ensemble des vestiges néolithiques en deux groupes de couches, les couches *à haches en pierre polie* [1] et les couches *sans haches en pierre polie* [1]. J'ai ensuite subdivisé le groupe des *couches sans haches en pierre polie* et j'y ai distingué la *couche à escargots* et *l'amas à ossements de cerf communs et harpons perforés* (Voyez page 20). Telle fut la classification que je proposai. Ce que je nommai alors *amas à ossements de cerf commun et harpons perforés,* c'est ce que j'ai appelé depuis *assises à galets coloriés,* et plus simplement, *assises éla-*

---

[1] Dans cette brochure, j'ai traduit les mots *à haches en pierre polie* et *sans haches eu pierre polie,* par les adjectifs *céolithiques* et *acesmolithiques* Cette traduction est mauvaise, puisqu'elle fait disparaître l'idée de *hache.* Aussi, j'ai abandonné ces qualificatifs ; mais j'ai retenu la coupure. La véritable traduction est *cesmaxinique* et *acesmaxinique* (de ξεσμη et αξιvη). Il est plus simple de dire *pélécique,* (de πελεκυς, hache) et *apélécique.*

phiennes; ce que je nommai *couche à escargots*, c'est ce que j'a appelé depuis *assise à escargots, amas coquilliers.*

Au temps où j'ai fait ces coupures, on considérait la *période* néolithique comme une *époque* simple et les couches qui la représentent comme un *étage.* M. de Mortillet avait nommé cet étage *robenhausien.* Ne voulant pas me heurter à des idées reçues, je conservai dans le tableau de la page 20 le nom *d'étage* à l'ensemble des couches néolithiques, quoique, dans ma pensée, cet ensemble constituât une *formation* qu'il fallait diviser en deux *étages.* Cette opinion est encore la mienne, et je fais des assises élaphiennes, et des amas coquilliers des sous-étages. On peut même se demander si ces deux dernières subdivisions ne méritent pas d'être érigées en étages. On est si porté aujourd'hui à multiplier les étages que, dans l'âge du fer, on en introduit de nouveaux à chaque instant. De cette manière, on supprime en réalité les sous-étages, et on enlève au mot *étage* la valeur et la signification qu'il a en géologie. Avec ce système de la multiplication des étages, on pourrait soutenir que je n'en ai pas créé assez dans la formation magdalénienne, que les assises à sculptures en relief en constituent un, que celles à gravures au champ-levé en constituent un autre, et que j'ai eu tort de n'en faire que des sous-étages. Je regarde les débats qui pourraient naître à cette occasion comme assez indifférents. Quelle qu'en soit la solution, mes coupures resteront. Il n'y aurait lieu de les modifier que si l'on venait à trouver des haches polies dans les amas à escargots. Dans ce cas, les assises à galets coloriés seraient les seules qu'il faudrait laisser en dehors de l'étage des haches polies. Elles constitueraient seules l'étage apélécique.

Ainsi, la nomenclature des strates représentant la lacune a été établie par moi dès 1889. Non seulement j'en ai fait les coupures, mais je les ai nommées. Nomenclature et terminologie ne sont pas des termes synonymes. On pourra modifier les noms que j'ai donnés, quoiqu'ils aient incontestablement un droit de priorité. On fera alors de la *terminologie.* La nomenclature restera mon œuvre. Au surplus, j'ai pris une précaution contre ces substitutions de noms. Au Congrès international d'Anthropologie tenu à Paris en 1889, après avoir fait une communication intitulée : *L'époque de transition intermédiaire entre l'âge du renne et celui de la pierre polie*, j'ai dit positivement : « Si on devait appliquer un nom de localité aux assises néolithiques qui ne contiennent pas de haches en pierre polie, ce serait celui du Mas-d'Azil. » — L'étage dépourvu de haches en pierre polie a donc reçu de moi, dès 1889, le nom *d'étage du Mas-d'Azil*. On aurait pu le nommer arisien (du nom de l'Arise, rivière) aussi bien qu'asylien. Les noms ne manquent jamais.

Lorsque j'eus découvert, au Mas-d'Azil, sur la rive gauche de l'Arise, les couches à galets coloriés, je me heurtai à une difficulté que je n'avais pas prévue. Personne ne voulut croire à l'existence de ces peintures primitives. Cependant les fouilles dans les cavernes détruisent les gisements. Si j'avais épuisé celui où je les avais recueillies, sans faire contrôler la réalité de mes découvertes, on aurait pu les contester. Il fallait donc que je fasse appel aux savants et les invite à venir voir eux-mêmes. J'obtins de la Société d'histoire naturelle de Toulouse qu'elle nommât une commission pour examiner la station et constater l'exactitude des faits que je signalais. La commission, sans me consulter, fixa un jour pour visiter la grotte. J'étais fonctionnaire public, et au jour indiqué, je n'étais pas libre de m'absenter. Elle n'alla pas au Mas-d'Azil et se désorganisa. Assurément, il y avait dans cette commission des personnes bienveillantes ; il y avait aussi des indifférents et même des hommes hostiles. Je compris que ceux-ci voulaient faire le vide autour de moi, pour contester ensuite le résultat de mes fouilles. Je m'adressai alors successivement à toutes les sommités de la science préhistorique à Paris et à St-Germain, les priant de venir voir. Les uns me répondirent qu'ils avaient toute confiance en moi pour des études stratigraphiques ; les autres qu'ils ne disposaient pas de loisirs. Aucun ne voulait entreprendre un voyage fatigant et coûteux dans le seul but de donner l'appui de son autorité à la découverte d'un autre. Il n'y avait rien là que de très naturel; au fond la plupart étaient restés sceptiques. Cependant, M. Gaudry avait compris l'importance des faits que j'annonçais. Ne pouvant venir, il décida M. Boule, alors secrétaire de la Société géologique de France, à se rendre au Mas-d'Azil. On était en 1889; M. Boule étudia sérieusement le gisement; nous fîmes une fouille ensemble. Elle confirma tout ce que j'avais annoncé. Il publia la relation de ce qu'il avait vu et ce témoignage, joint à l'effet de mon exposition, dissipa les doutes qui s'étaient dabord manifestés.

M. Cartailhac s'occupait alors de la rédaction de son live *la France préhistorique*, ouvrage de vulgarisation, où il n'y a pas une idée nouvelle, et dans lequel il a donné sa mesure pour la compréhension des âges quaternaires. Il voulait y soutenir encore la théorie de *l'hiatus*. M. Boule parvint à lui faire atténuer ce qu'avait d'excessif cette malencontreuse hypothèse. Mais les traces de sa première rédaction restent encore dans l'ouvrage. Il y traite de *roman* la réfutation que Broca a faite de la lacune (page 124), et il écrit (page 122) : « Lorsqu'après « avoir franchi l'âge du renne, nous nous trouvons dans un « âge nouveau dit de la pierre polie, ou mieux période néoli- « thique, nous constatons que de grands changements se sont « accomplis. Rien ne les faisait prévoir. Entre les gisements « paléolithiques les plus récents et les gisements néolithiques « les plus anciens à notre connaissance, il y a une *solution de* « *continuité*. »

Il m'était réservé d'opérer complétement sa conversion. En 1890, il me demanda la permission de visiter mes fouilles du Mas-d'Azil. Je le reçus en bon confrère et lui montrai une tranchée profonde que je venais d'ouvrir à grands frais pour en insérer la coupe dans mon ouvrage. Il eut l'amabilité d'en faire une photographie et de me la donner. Je lui montrai la succession des assises, lui expliquai leur composition, le renseignai sur le niveau auquel apparaissait chaque instrument. Il recueillit lui-même des galets coloriés en place, et se déclara convaincu. A partir de ce moment, il rejeta la vieille défroque de l'hiatus et, comme tous les néophytes, se montra plus ardent que l'initiateur. Il m'écrivit pour m'emprunter l'album de mon ouvrage. Il voulait faire connaître partout mes découvertes et faire mon éloge jusqu'en Russie. Je le lui confiai, et il le conserva pendant plusieurs mois. De mon côté, dès que j'apprenais qu'on avait trouvé des galets coloriés dans de nouvelles stations, je m'empressais de le lui annoncer. Au début, quand j'avais rencontré ces pierres peintes, personne ne voulait y croire. Quand leur existence fut admise dans la science, on en trouva de nouveaux gisements. Bien plus, on s'aperçut qu'il y en avait dans des stations anciennement connues et que l'on avait marché sur elles sans les voir.

Le 26 janvier 1892, je recevais un dessin de pierre coloriée que M. Catta, directeur d'un syndicat à Alger, avait trouvée autrefois dans la grotte de Bize (Aude). Il ne pouvait dire ni dans quelle couche ni à quel niveau. La peinture est, paraît-il, un peu détériorée actuellement; c'est pourquoi M, Catta envoyait le dessin au lieu de l'original. Quoique les signes peints sur cette pierre soient différents de deux du Mas d'Azil, je suis disposé à la considérer comme authentique. M. Catta n'a rien publié sur cet objet.

Une découverte plus certaine et plus piquante est celle que M. Harlé, le savant paléontotogiste de Toulouse, a faite à la fin de l'année 1892 dans les vitrines du musée de Carcassonne. Voici la lettre qu'il m'a écrite a ce sujet le 21 décembre 1892.

« En visitant dernièrement le musée de Carcassonne, j'ai
« été frappé d'y voir, parmi des échantillons recueillis dans
« la grotte de la Crouzade, près de Gruissan, aux environs
« de Narbonne, deux galets plats, en roche schisteuse verte,
« ornés de dessins rouges. L'un de ces galets a de 4 à 5 centi-
« mètres de largeur et 13 de longueur. La couleur rouge
« recouvre la presque totalité de l'une de ses faces et une
« portion de l'autre. La coloration rouge y est des plus visi-
« ble, mais n'est pas très nettement limitée. L'autre galet a la
« même largeur, et, bien qu'il soit cassé, il mesure encore

« douze centimètres de longueur. L'une de ses faces est ornée
« de cinq bandes rouges perpendiculaires à la longueur, ayant
« chacune un demi-centimètre de largeur. Le musée de Car-
« cassonne possède aussi, de la même grotte, de nombreux
« silex en lames allongées, des pointes en os et en bois de
« cervidés, un os gravé représentant une tète (biche?) et des
« ossements appartenant aux animaux suivants, d'après mes
« déterminations : blaireau, renard, *Lepus*, *Equus* de taille
« ordinaire, renne, cerf élaphe, grand bovidé, bouquetin (?).

« Tous ces objets, y compris les galets, ont été découverts,
« il y a près de vingt ans, par M. Rousseau, conservateur des
« forêts, qui, le 22 avril 1874, a fait une communication à la
« Société d'histoire naturelle de Toulouse au sujet des os et
« des silex. M. Rousseau (qui habite maintenant Carcassonne)
« m'a dit ne pas se souvenir s'il a recueilli les galets dans la
« même couche que les autres objets. Il leur a fait subir un
« lavage. Ce qui reste maintenant de couleur rouge adhère
« fortement. Cas galets sont étiquetés *Percuteurs*. »

J'ai prié M. Nelly de m'envoyer des dessins de ces galets,
et j'ai été moi-même les voir au musée de Carcassonne. Ils
sont incontestablemeat coloriés et appartiennent aux mêmes
types que ceux du Mas-d'Azil. J'ai tenu a lire l'article de
M. Rousseau sur la grotte de la Crouzade. Il m'a vivement
intéressé. Il est l'œuvre d'un observateur; mais il n'y est pas
dit un mot des galets coloriés. Il les a tenus sans les voir, ou
si ses yeux ont vu leur coloration, il n'y a attaché aucune
importance et ne les a recueillis que parce qu'ils lui ont paru
être des percuteurs; et c'est M. Harlé qui est le vrai découvreur
de ces galets. M. Rousseau fait, il est vrai, mention de silex
roses dans sa note; mais il m'a paru résulter d'un passage de
cet cérit qu'il les considérait comme ayant acquis cette couleur
dans le gisement d'origine d'où les habitants de la grotte les
ont tirés. D'ailleurs, les silex roses, à la différence des galets
peints, n'ont pas été coloriés intentionnellement. Ce sont des
éclats de silex blonds ou blancs qui ont été accidentellement
mis en contact avec du péroxyde de fer. J'en ai recueilli dans

plusieurs grottes. Il est rare de trouver parmi eux des instruments parfaits. Ils ne portent aucun dessin.

Jen'ai pas manqué de faire connaître à M. Cartailhac l'existence des galets coloriés dans les grottes de la Crouzade et de Bize.

Depuis mes publications sur le Mas-d'Azil, M. Miquel a découvert un gisement de galets coloriés dans la grotte de Montfort, près de St-Lizier, Arriège. Une autre station datant de l'époque de transition, celle de *la Tourasse*, à St-Martory, Haute-Garonne, a été fouillée par MM. Durbas et Chamaison. M. Regnault l'a décrite imparfaitement dans une brochure dont M. Boule a reproduit les principaux passages dans l'*Anthropologie* (1892, t. 3, p. 743).

De toutes les stations connues de l'époque de transition, c'est, je pense, la plus pauvre. Située à cinq ou six mètres au-dessus du niveau de la Garonne, elle a été souvent visitée par les eaux du fleuve pendant ses débordements. De là l'enlèvement et le mélange de ses couches archéologiques en certains endroits. On pouvait cependant en reconnaître la succession dans les parties épargnées : à la base était l'assise élapho-tarandienne, dans laquelle gisaient des ossements et des mâchoires de renne. Au-dessus s'étendait la couche à harpons plats, perforés, en ramure de cerf, contenant beaucoup de débris de cerf élaphe et des os d'ours commun, de sanglier, de loup, de blaireau, de chevreuil, de bœuf, de cheval. M. Boule y a remarqué des traces de couleur rouge sur un galet. Il est donc à peu près certain que cette assise renfermait originairement des galets peints dont la couleur a disparu par suite des nombreux lavages causés par les inondations.

Des traces de la couche à escargots affleuraient au-dessus. Enfin un os percé par une flèche barbelée en silex dénotait la présence des strates néolithiques.

Ce gisement est donc complexe, malgré sa pauvreté.

Je ne donnerais pas, dans cette note, d'une manière complète, la physionomie des débats relatifs à l'hypothèse de l'hiatus, si je ne faisais connaître l'attitude de M. Cartailhac

au congrès tenu à Paris en 1889. Je venais de décrire les
assises qui comblent la lacune sur la rive gauche de l'Arise,
dans la grotte du Mas-d'Azil. On aurait pu croire qu'il s'en
trouvait décontenancé, lui qui s'était fait le champion de
cette singulière croyance à une époque pendant laquelle l'Europe serait restée inhabitée et la tradition de l'homme aurait
été interrompue. Pas du tout. Il se montra triomphant. Voici
comment il s'exprima (Voyez compte-rendu, p. 212) : '

« Il y a déjà plusieurs années que j'ai insisté sur l'impor-
« tance de ce que l'on a nommé l'*hiatus*. En 1874, M. de
« Mortillet disait que cet hiatus « *ne représentait pas une lacune*
« *dans le temps et dans l'industrie, mais une simple lacune dans*
« *nos connaissances.* » Je crois que l'événement n'a pas con-
« firmé cette manière de voir. C'était bien une lacune dans
« l'industrie, puisque l'on a commencé à combler l'hiatus en
« y plaçant les gisements campiniens, suivant le mot de
« M. Salmon. C'était une lacune dans le temps, puisque ces
« gisements de transition ont leurs caractères spéciaux qui
« démontrent leur durée. » Qui ne croirait, en lisant cette
phrase écrite avec aplomb, que M. de Mortillet a eu tort ?
M. Cartailhac n'a obtenu cette apparence que par une jon-
glerie de mots et en isolant la phrase citée de ce qui la suit.
Pourquoi n'a-t-il pas continué sa citation ? « Certainement, a
« dit M. de Mortillet, l'époque paléolithique a dû se rattacher
« et se souder à l'époque néolithique, mais nous n'avons pas
« encore découvert le point de contact. Il n'y a pas eu une
« période où l'Europe était inhabitable. Seulement les restes
« de l'époque de transition ou de passage n'ont pas encore
« été trouvés et reconnus. » M. Cartailhac excelle, en tron-
quant un passage d'un auteur, à lui prêter les plus grandes
billevesées et les idées les plus opposées à celles qu'il a voulu
exprimer. Après avoir ainsi travesti les opinions de M. de
Mortillet, il va citer un passage de ce que lui-même a écrit
autrefois, en le présentant de façon à faire croire qu'il avait
prévu mes découvertes et l'importance des assises qui représentent la lacune en France. Voici ce passage : « *Croyez-vous,*

« disais-je au Congrès de Paris (1878, p. 53), *que les anciens*
« *Européens, aient à la fois, réduit en domesticité le chien, le*
« *cheval, le bœuf, le mouton, la chèvre, le cochon ? Supposez-vous*
« *qu'ils aient, au même moment, inauguré l'agriculture, fixé leurs*
« *demeures, inventé la poterie, etc. ? Non ! Tout cela suppose un*
« *long enfantement.* » — Les découvertes m'ont donné raison.
« Le néolithique se complique à vue d'œil, et sur quelques
« rares points, par exemple au Mas-d'Azil, on trouve déjà
« des liens industriels et zoologiques entre les gisements
« paléolithiques et quaternaires. »(Compte-rendu du Congrès
international des Sciences anthropologiques, tenu à Paris en
1889, page 213.)

Qu'il me soit permis de compléter la citation de M. Cartailhac. Voici la phrase qui suit dans le compte-rendu du
Congrès de Paris de 1878 (Voyez p. 53): « Les habitants d'un
« *seul* continent ne peuvent pas avoir eu le merveilleux pri-
« vilège de ces innovations capitales ; l'âge de la pierre polie
« nous aparaît en Europe comme la synthèse des progrès
« accomplis avec lenteur, par des inconnus, dans des pays
« ignorés. »

Ainsi, M. Cartailhac pensait en 1878 qu'il avait fallu, pour l'é-
laboration de la civilisation néolithique, le concours des habitants de l'ancien et du nouveau continent, et que cette élaboration avait eu lieu hors de l'Europe occidentale. Les assises du Mas-
d'Azil prouvent qu'elle a eu lieu sur la terre de Gaule en même
temps, sans doute, que dans beaucoup d'autres contrées. Elle
a employé un fort long temps pour s'accomplir. A en juger
par l'épaisseur des strates sur la rive gauche de l'Arise, la
durée de l'époque qui représente la lacune serait au moins
égale à celle des âges réunis de la pierre polie et du bronze.
Mais à aucun moment de cette longue époque l'Europe n'a été
désertée. Il y a eu transformation et non substitution d'industrie. La transformation a eu lieu parfois par soubresauts
C'était quand il y avait changement de climat ou contact de
populations nouvelles (car il serait puéril de nier qu'au début

de la période néolithique des races venues de pays étrangers ne se soient mêlées aux habitants de nos pays).

Quant à la domestication des animaux et à l'invention de la culture, M. Cartailhac aurait pu se renfermer dans des données moins vagues. Au commencement de la période magdalénienne, l'homme a connu le blé puisqu'il en a sculpté les épis en plein relief. A la fin de cette même période, aux temps élapho-tarandiens, on faisait usage de petites meules grosses comme le poing ; mais il n'est pas certain qu'elles aient servi à écraser le grain. A l'époque des galets coloriés, l'homme possédait le blé et la meule. On n'en trouve que peu de vestiges. Les meules deviennent très communes dans les amas coquilliers à *helix nemoralis*.

Le cheval a été domestiqué dès l'époque de Solutré. On l'a sculpté avec la chevêtre à l'époque de la sculpture en bas relief. On l'a gravé, enchevêtré à l'époque de la gravure au champ-levé. Puis, à l'époque cervidienne, quand le climat a changé, qu'il est devenu humide en restant froid et que la durée des neiges a rendu l'élevage du cheval difficile, on a domestiqué le renne. Aux temps élapho-tarandiens, quand les pluies ont succédé aux neiges, on a domestiqué un bœuf. Des gravures le représentent avec une sangle ou avec une couverture.

Enfin il y aura lieu d'examiner si un *sus* n'a pas été domestiqué à l'époque des galets coloriés. On trouve ses mâchoires en grande abondance dans cette assise et dans les amas coquilliers. On devra les comparer aux mâchoires de porc qui ne sont pas moins nombreuses dans les agglomérations néolithiques.

Tous ces animaux étaient élevés pour leur chair. On ne leur demandait aucun service ; aussi le mot *domestication* n'est-il pas juste. Il n'y avait que *semi-domestication*. Cette semi-domestication a beaucoup facilité la tâche de l'homme néolithique.

FIN

APPENDICE

———

Tous les auteurs qui ont réfuté le dogme de l'hiatus ont fait remarquer qu'une brusque succession d'une industrie à une autre ne présente rien d'anormal. Il suffit, pour la produire, que des peuples envahisseurs, façonnés par une civilisation différente de celle des pays où ils s'installent, y arrivent en vainqueurs, apportant des armes et des instruments nouveaux, et absorbent dans leur masse les anciens occupants du sol. Broca est celui qui a le plus amplement développé cette idée. Il a fait remarquer, avec raison, que l'arrivée sur la terre de Gaule de races nouvelles au début de la période néolithique, n'est pas une simple hypothèse, que l'on trouve les vestiges de ces populations, dont l'installation a été favorisée par un changement de climat et par la faiblesse numérique des tribus clairsemées de leurs adversaires. C'est cette donnée que M. Cartailhac a traitée de roman, quoiqu'il se soit emparé de son idée principale : l'élaboration de la civilisation néolithique dans des régions autres que la nôtre. Ce n'est pas la première fois que l'on voit un auteur s'approprier les idées d'un autre, en le maltraitant pour déguiser son emprunt aux yeux du public. Broca était mort, et M. Cartailhac pouvait lui lancer une ruade, sans craindre une réplique victorieuse.

Le fait de l'envahissement de notre pays par des races nouvelles est exact. Il y a eu tantôt infiltration, tantôt invasion de ces races; mais il n'y a pas eu brusque substitution d'une industrie à une autre ; sur ce point, le système de Broca est en défaut. Il y a eu transformation lente, quoiqu'elle se soit produite parfois par des sonbresauts. M. Cartailhac, dans le passage précité, admettait l'importation de l'industrie néolithique toute faite, après son élaboration dans d'autres régions que la nôtre; mais, à son avis, les races envahissantes arrivaient dans un pays désert, dont les habitants avaient disparu comme par enchantement, au moment où un changement de climat rendait notre sol plus habitable. Le système de Broca, quoiqu'inexact sur certains points, ne choquait pas le bon sens. Le dogme de l'hiatus, dont M. Cartailhac s'était fait le grand-prêtre, était une absurde rêverie.

On m'a rapporté qu'un vulgarisateur de médiocre envergure, habitué à envisager les choses au rebours du bon sens, avait trouvé mauvais que je n'aie pas fait l'historique de la grotte du Mas d'Azil. Je ne l'ai pas fait parce que je n'en ai pas eu l'occasion. Je n'ai publié que de très courtes notes sur des faits entièrement nouveaux, qui n'avaient pas même été soupçonnés par mes devanciers. Mes découvertes ont jeté une vive lumière sur les temps magdaléniens, mal connus jusqu'à présent, et j'ai eu la bonne fortune de révéler au public des phases ignorées de l'histoire de l'homme. Ce sont des résultats dont je suis fier.

La grotte du Mas-d'Azil est traversée par une rivière, l'Arise, que côtoye une route nationale. Elle est indiquée dans tous les guides de touristes comme une des curiosités naturelles des Pyrénées. Aussi de nombreux visiteurs s'y rendent chaque année.

Les seules fouilles vraiment sérieuses entreprises dans cette caverne avant les miennes sont celles de Filhol père. Il en a exploré, au point de vue paléontologique, une ramification où il n'y avait pas de vestiges d'industrie humaine, et il a fait, sur les ossements de grands félins qu'il en a retirés, une excellente étude. Je me plais d'autant plus à lui rendre justice qu'il était mon ami et que j'ai gardé de lui un excellent souvenir. Mais sa brochure n'a aucun rapport avec mes travaux. Pourquoi l'aurais-je mentionnée dans de brèves notes traitant de tout autres sujets. C'eût été hors de propos.

Les assises archéologiques de la rive gauche de l'Arise représentent la lacune. Riches en galets coloriés, elles sont restées inexplorées jusqu'en ces derniers temps. C'est moi qui les ai fait connaître au public. Celles de la rive droite ont été bouleversées lors de la construction de la route. Elles n'ont été l'objet d'aucune publication importante. Deux auteurs les ont signalées. Mais ne les ayant observées que d'une manière superficielle, ils n'ont pas même soupçonné que les couches glyptiques de cette partie de la caverne se groupent en différents étages. Leurs articles ne sont que des aperçus incomplets. Fallait-il rappeler les rares publications faites par mes devanciers, dans des notes où je signalais des découvertes qu'ils n'avaient pas pressenties? C'eût été œuvre de vanité. Quelques précautions que j'eusse prises pour en parler avec une parfaite convenance, quelqu'artifices de style que j'eusse employés, il m'aurait fallu dire en termes plus ou moins voilés : Messieurs tels et tels sont venus étudier les couches archéologiques du Mas-d'Azil avant moi. Ils ont marché sur toutes ces assises qui renfermaient de si intéressants secrets, et ils ne les ont pas soupçonnés. Ils avaient des yeux, et ils n'ont pas su voir. Un individu dépourvu de tact peut seul me reprocher d'avoir préféré garder le silence. *Non erat hic locus.*

Fallait-il mentionner tous ceux qui, avant moi, avaient recueilli dans la grotte quelque curiosité? Je ne les connais pas tous. Mais les pâtres y sont aussi venus avant moi, et ils n'aspirent pas à l'honneur d'être cités dans un historique. Diverses personnes qui ont fait de petites collections, notamment MM. Ladevèze et Maury, me les ont confiées pour que je fasse dessiner leurs antiquités et que je les publie dans mon ouvrage du Mas-d'Azil. Il y a longtemps que les planches en ont été faites par M. Pilloy, car je me souviens de les avoir montrées à M. Cartailhac quand, en 1890, il est venu me visiter dans mes tranchées. Il a pu les voir aussi chez les propriétaires de collections, auxquels j'ai donné vingt exemplaires de chacune des planches où leurs antiquités sont représentées. Je ferai donc mieux que de citer les noms de ces collectionneurs. Je ferai connaître toutes leurs trouvailles.

Je me suis toujours proposé d'écrire l'historique de cette grotte quand je la décrirai dans tous ses détails. Alors le sujet m'imposera cette tâche. Je l'accomplirai sans réticence, rendant justice à chacun, bien persuadé que l'œuvre des archéologues mes devanciers ne nuira en aucune façon à la mienne et la mettra au contraire en relief, car plus il sera venu de personnes explorer cette grotte sans y constater les faits qu'une observation minutieuse m'a révélés, plus mes découvertes paraîtront avoir de mérite. Je raconterai cette histoire quand il en sera temps, sans m'inquiéter des sophismes d'un vulgarisateur qui sèche du dépit de ne pouvoir trouver une idée originale et s'en prend aux pionniers qui frayent des sentiers nouveaux et l'en chassent sans avoir la charité ou la duperie de le laisser s'y pavaner.

OUVRAGES ET OPUSCULES

DU MÊME AUTEUR.

Paléontologie.

1855 (19 novembre). — *Note sur les coquilles ailées trouvées dans la grande oolithe des Ardennes, de l'Aisne et de la Moselle.* In-8° avec 4 planches. Bulletin de la Société géologique de France, t. XIII, p. 85, série II.

1856 (5 mai). — *Note sur les coquilles voisines des Purpurines trouvées dans la grande oolithe des Ardennes et de l'Aisne.* In-8° avec 3 planches. Bulletin de la Société géologique de France, t. XIII, p. 587, II⁰ série.

1857 (20 avril). — *Description des Cerithium enfouis dans les dépôts bathoniens de l'Aisne et des Ardennes.* In-8° avec 4 planches. Bulletin de la Société géologique de France, t. XIV, p. 544, II° série.

1860. — *Note sur un genre nouveau de Gastéropodes (le genre Exelissa).* In-8°. Bulletin de la Société géologique de France, série II°, t. XVIII, p. 13.

1863. — *Le lias inférieur dans l'est de la France, le Grand-Duché de Luxembourg et la Belgique,* par Terquem et Piette. Un volume in-4° avec 18 planches. — Mémoires de la Société géologique de France, série II, t. VIII.

1864-1876. — *Paléontologie française.* (Ire série. Terrain jurassique, Gastéropodes, Ire série, t. III). In-8° de 336 pages et 84 planches. G. Masson, libraire-éditeur, boulevard Saint-Germain, 120.

1874 (21 août). — *Sur plusieurs genres nouveaux ou peu connus de gastéropodes*. In-8° avec une planche. Association française pour l'avancement des sciences. Congrès de Lille, t. III, p. 361.

1876 (janvier). — *Note sur les coquilles ailées des mers jurassiques*. Imprimerie du *Courrier de l'Aisne*, à Laon.

Géologie.

1855 (18 juin). — *Observations sur les étages inférieurs du terrain jurassique dans les départements des Ardennes et de l'Aisne*. In-8° avec une planche. Bulletin de la Société géologique de France, t. XII, p. 1081, II° série.

1856. — *Notice sur les grès d'Aiglemont et de Rimogne*. In-8° avec une planche. Bulletin de la Société géologique de France.

1857. — *Note sur le gîte des Chapes (Moselle)*. In-8°. Bulletin de la Société géologique de France.

1859. — *Les phosphates minéraux des Ardennes*. Imprimerie du *Courrier*, à Charleville.

1861 (20 mai). — *Note sur les gîtes analogues à celui de Fontaine-Étoupefour, rencontrés au sud du plateau palézoïque de l'Ardenne, et observations sur l'âge des minerais de fer qui couvrent le bord méridional de ce plateau*. In-8°. Bulletin de la Société géologique de France, II° série, t. 18, p. 572.

1862. — *Le lias inférieur de la Meurthe, de la Moselle, du Grand-Duché de Luxembourg, de la Belgique, de la Meuse et des Ardennes*, par Terquem et Piette. In-8° avec 2 planches. Bulletin de la Société géologique de France.

1862. — *Note sur la partie inférieure du terrain crétacé dans l'Aisne et la région occidentale des Ardennes*. In-8°. Bulletin de la Société géologique de France.

1870 (2 mai). — *Réponse à la note de M. Meugy, intitulée :* SUR LE LIAS. Bulletin de la Société géologique de France, t. XXVII, p. 602.

1874 (15 juin). — *Notice sur le glacier quaternaire de la Garonne et sur l'âge du renne dans les grottes de Gourdan et de Lortet.* Bulletin de la Société géologique de France.

1876 (11 décembre). — *La hauteur du glacier quaternaire de la Pique à Bagnères-de-Luchon.* Comptes-rendus de l'Institut, t. LXXXIII, p. 1187.

1894 (13 août). — *Le gisement de Saint-Michel-en-Thiérache.* Association française pour l'avancement des sciences. Congrès de Caen, t. I, p. 154.

Archéologie et Ethnologie préhistoriques.

1869 (2 juin, 28 août, 7 septembre). — *Lettres à M. de Ferry sur les sépultures de Chassemy.* Brochures in-8°. Imprimerie du *Courrier de l'Aisne,* à Laon.

1870 (13 février). — *Urnes gallo-romaines dans la nécropole de Chassemy. Courrier de l'Aisne,* à Laon.

1870. — *Découverte d'un char gaulois dans le cimetière de Chassemy. Courrier de l'Aisne,* à Laon.

1870 (avril). — *Sépulture polyandrique de l'hôpital, près Rumigny (Ardennes),* par Piette et de Ferry. *Matériaux pour servir à l'histoire naturelle et primitive de l'homme.*

1871 (31 juillet). — *Une grotte de l'âge du renne, près Montrejeaux (Haute-Garonne).* Comptes-rendus de l'Institut, t. LXXIII, p. 350.

1872 (mars). — *Les troglodytes dans le département de l'Aisne.* Matériaux pour servir à l'histoire primitive et naturelle de l'homme.

1872 (mai). — *Note sur les creutes du département de l'Aisne.* Matériaux pour servir à l'histoire naturelle et primitive de l'homme.

1873 (18 avril). — *La grotte de Gourdan pendant l'âge du renne.* Bulletin de la Société d'anthropologie de Paris.

1873. — *Recherche de vestiges préhistoriques dans la chaîne des

Pyrénées. In-8° avec 2 planches. Bulletin de la Société d'his-toire naturelle de Toulouse.

1874 (16 avril). — *La grotte de Lortet pendant l'âge du renne.* Bulletin de la Société d'anthropologie de Paris, II° série, t. II, p. 498.

1874 (21 août). — *Histoire de la cuiller.* In-8° avec 3 plan-ches. Association française pour l'avancement des sciences. Congrès de Lille, t. III.

1874. — *Une flûte néolithique.* Comptes-rendus de l'Institut, t. LXXIX, n° 1, p. 56.

1874. — *La flûte composée à l'âge du renne.* Comptes-rendus de l'Institut, vol. LXXIX, p. 1277.

1875 (15 avril). — *Sur de nouvelles fouilles dans la grotte de Gourdan.* Bulletin de la Société d'anthropologie de Paris.

1875 (26 août). — *Les vestiges de la période néolithique compa-rés à ceux des âges antérieurs.* Association pour l'avancement des sciences, t. IV, p. 919, avec 4 planches. Congrès de Nantes.

1877 (5 avril). — *La Montagne d'Épiaup*, par Piette et J. Sa-caze. Bulletin de la Société d'anthropologie de Paris.

1878 (juin). — *Les monuments de la montagne d'Épiaup*, par Piette et Sacaze. Matériaux pour servir à l'histoire primitive et naturelle de l'homme. Série II, t. IX, p. 246.

1879 (décembre). — *Les tumulus d'Avezac-Prat, Hautes-Pyré-nées*, par Piette et Sacaze. In-8° avec 5 planches. Matériaux pour l'histoire primitive et naturelle de l'homme, vol. XIV, série II, t. X, p. 499.

1880 (janvier). — *Nomenclature des temps anthropiques primi-tifs.* Imprimerie Le Vasseur, à Laon.

1881 (décembre). — *Note sur les tumulus de Bartrès et d'Os-sun.* In-8° avec 5 planches. Matériaux pour l'histoire primitive et naturelle de l'homme, série II, t. XII, p. 522.

1884 (décembre).— *Exploration de quelques tumulus situés sur les territoires de Pontacq et de Lourdes.* Matériaux pour l'histoire primitive et naturelle de l'homme, série II, t. XVIII, p. 14.

1887 (septembre). — *Équidés de la période quaternaire d'après les gravures de ce temps.* In-8° de 8 pages avec 10 figures de texte. Matériaux pour l'histoire primitive et naturelle de l'homme, IIIe série, t. IV, p. 359.

1887 (octobre). — *De l'erreur de Buffon qui a pensé que le renne vivait encore dans les Pyrénées au XIVe siècle et des causes qui l'ont amené à la commettre.* Brochure in-8° de 14 pages. Matériaux pour l'histoire primitive et naturelle de l'homme. XXIe année, IIIe série, t. IV, p. 407.

1887 (décembre). — *Le Kertag quaternaire.* Bulletin de la Société d'anthropologie de Paris, IIIe série, t. X, p. 736.

1888 (janvier). — *Façon de faire le fil avec des tendons de renne en Laponie.* Matériaux pour l'histoire primitive et naturelle de l'homme. XXIIe volume, IIIe série, t. V, p. 46.

1889 (25 février). — *Un groupe d'assises représentant l'époque de transition entre les temps quaternaires et les temps modernes.* Comptes-rendus des séances de l'Académie des sciences, t. CVIII, p. 422.

1889 (mars). — *Les subdivisions de l'époque magdalénienne et de l'époque néolithique.* Brochure in-8° de 25 pages. Imprimerie de Burdin, à Angers.

1889 (mars). — *Nomenclature de l'ère anthropique primitive.* Brochure in-8° de 12 pages. Imprimerie Burdin, à Angers.

1891. — *Notions nouvelles sur l'âge du renne.* Brochure in-8° de 25 pages avec 12 figures de texte, annexée à un ouvrage de M. Alexandre Bertrand : LA GAULE AVANT LES GAULOIS.

1892 (20 septembre 1892). — *Phases successives de la civilisation pendant l'âge du renne, dans le midi de la France et notamment sur la rive gauche de l'Arise (Grotte du Mas d'Azil).* Association française pour l'avancement des sciences. Congrès de Pau, XXIe session, p. 649.

1892. — *Compte-rendu de l'excursion faite aux abris de Brassempouy pendant le congrès de Pau.* Brochure de 13 pages. Bulletin de la Société de Borda.

1893. — *La station préhistorique de Brassempouy.* Brochure de 12 pages. Académie des sciences, arts et belles lettres d'Angers. Imprimerie de Dolbeau.

1894 (mars). — *L'époque éburnéenne et les races humaines de la période glyptique.* Brochure de 27 pages. Imprimerie de Poëtte, à Saint-Quentin.

1894 (avril). — *Note pour servir à l'histoire de l'art primitif.* In-8° de 18 pages avec 19 figures dans le texte. *L'Anthropologie*, t. V, fascicule 2, p. 129.

1894. — *Une station sulistrienne à Gourdan.* In-8° de 8 pages. Bulletin de la Société de Borda.

1894 (10 août). — *Nouvelles fouilles à Brassempouy.* Association française pour l'avancement des sciences. 23° session. Congrès de Caen, p. 675. In-8° de 7 pages avec 6 figures dans le texte.

1895 (juin). — *Études d'ethnographie préhistorique. Répartition statigraphique des harpons dans les grottes des Pyrénées.* In-8° de 21 pages avec 22 figures dans le texte. *L'Anthropologie*, t. VI, n° 3, p. 276.

Anthropologie.

1878 (18 mai). — *Les vestiges de la civilisation gauloise à l'exposition de Reims.* Bulletin de la Société d'anthropologie de Paris, série II, t. XI, p. 263.

1888 (28 mai). — *Sur un buste de femme taillé dans la racine d'une dent incisive d'équidé, trouvé dans la grotte magdalénienne du Mas-d'Azil.* Compte rendu des séances de l'Académie des sciences, t. CVI, p. 1553.

1894 (5 avril). — *Races humaines de la période glyptique.* In-8° de 14 pages avec 2 figures dans le texte. Bulletin de la Société d'anthropologie de Paris, IV° série, t. V, p. 382.

1894 (9 avril). — *Race glyptique.* Compte rendu des séances de l'Académie des sciences, t. CXVIII, p. 825.

1894 (16 juillet). — *Sur des ivoires sculptés provenant de la station quaternaire de Brassempouy (Landes)*, par Piette et de Laporterie. Comptes rendus des séances de l'Académie des sciences, t. CXIX, p. 249.

1894 (6 décembre). — *Les fouilles de Brassempouy en 1894*, par Piette et de Laporterie. Bulletin de la Société d'anthropologie de Paris. In-8° de 16 pages avec 13 figures dans le texte. T. V, IV° série, p. 623.

1894 (26 novembre). — *Sur de nouvelles figurines d'ivoire provenant de la station de Brassempouy*. Compte rendu des séances de l'Académie des sciences, t. CXIX, p. 927.

1895 (avril). — *La station de Brassempouy et les races humaines de la période glyptique*. In-8° de 23 pages avec 18 figures dans le texte et 7 planches en phototypie. *L'Anthropologie*, t. VI, n° 2, p. 130.

Épigraphie.

1881 (janvier). — *Note pour servir à l'épigraphie d'Elusa*. Bulletin de la Société des antiquaires de France. Année 1881, p. 81.

1881 (janvier). — *Note sur l'épigraphie d'Elusa*. Imprimerie Abadie, à Saint-Gaudens.

1881 (avril). — *Lettre à M. A. Lavergne sur les fouilles d'Elusa*. Revue de Gascogne, t. XXII, p. 151.

1881 (20 juillet). — *Seconde note pour servir à l'épigraphie d'Elusa*. Bulletin de la Société des antiquaires de France, année 1881, p. 229.

1881 (août). — *Note sur plusieurs inscriptions récemment découvertes dans les ruines d'Élusa*. Imprimerie Cazeaux, à Cauterets.

Littérature.

1848. — *Situation*. Brochure politique. Imprimerie du *Courrier des Ardennes*, à Charleville.

1856. — *De la vaine pâture*. Brochure in-8°. Imprimerie du *Courrier des Ardennes*, à Charleville.

1858. — *Education du peuple*. Volume in-12. Adolphe Delahaye, éditeur à Paris, rue Voltaire, 4-6.

1858. — *Note sur l'intelligence des animaux*. Brochure in-12. Adolphe Delahaye, éditeur à Paris, rue Voltaire, 4-6.

1873 (août). — *Les lignes défensives de la France*. Association française pour l'avancement des sciences. Congrès de Lyon, t. II, p. 178.

1874 (août). — *Seconde note sur les lignes défensives de la France*. Association française pour l'avancement des sciences. Congrès de Lille, t. III, p. 189.

1877 (28 juillet). — *Discours prononcé sur la tombe de J. Babled*. Imprimerie H. Jacob, à Laon.

1889 (février). — *Indissolubilité du mariage et divorce*. Imprimerie Martin Guéret, à Ségré.